JN094195

発達障がい・グレーゾーンの子のための

水中療育

からだ・こころ・ことばを育むスイミング

酒井 泰葉
（一般社団法人日本障がい者スイミング協会代表理事）【著】

西村 健一
（島根県立大学教授）【監修】

合同出版

パズルフロートを使った
水中リラクゼーション

パズルフロートを使用した**上肢**の水中リラクゼーション（➡30ページ）

パズルフロートを使用した**下肢**の水中リラクゼーション（➡31ページ）

パズルフロートを使用した**体幹**の水中リラクゼーション（➡33ページ）

水中リラクゼーションをするとこんな効果が！

体から力が抜け、
首がやわらかくなる！

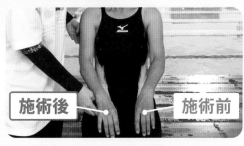

施術後は
血色が良くなり、
温かくなる

施術後　施術前

水中リラクゼーションで
体幹を育む

相手の胴体を支えながら、左に体が揺れるようにリラクゼーションをします。（➡33ページ）

足がふわっと流れるところまで見届けたら、1歩下がって反対側へリラクゼーションをします。（➡33ページ）

②と同じように、足がふわっと流れるところまで見届けたら、1歩下がって反対側へリラクゼーションをします。(➡33ページ)

②と③をくり返します。(➡33ページ)

全身の筋緊張をニュートラルにする
水中リラクゼーション&
水中療育プログラム

水中リラクゼーション

浮き具を使用した**下肢**のリラクゼーション。足首やひざの緊張具合を確認しながら力みを取っている様子。（➡32ページ）

ひざ周りに手を添えて、緊張具合を確認しながら力みを取っている様子。（➡32ページ）

パズルフロートを使用した**上肢**のリラクゼーション。
肩関節を下から支えてゆらします。（➡31ページ）

水中療育プログラム

ジェットコースターあそび（➡82ページ）

なめらかなバタ足につなげる
水中療育プログラム

 水中で足をリラックスする
（➡52ページ）

2 水中ジャンプ（➡68ページ）

3 カエルのポーズ（➡76ページ）

4 自転車キック（➡78ページ）

発達障がい・グレーゾーンの子のための

水中療育

からだ・こころ・ことばを育むスイミング

本書を読まれるみなさまに

「うちの子のバタ足は、自転車を漕ぐような足の動きです。直りませんか?」という相談を受けることがよくあります。交互に足の裏で水を押すような動きでしょうか?

バタ足は両足を上下に動かすシンプルな動作のくり返しです。簡単にできると思われがちですが、それがなかなかできないのです。

水面を滑るように泳ぐにはなめらかなバタ足が欠かせません。両足に適度な力を加え、しなるムチのように一定のリズムで水中を進んでいきます。

● 思い通りに体を動かすために

バタ足ができるようになるには、体幹がしっかり安定し平衡感覚が育っていること、両足の関節感覚が発達し、水をとらえる触覚が発達していることなど、体が発達していることが必要になります。

平衡感覚や水平姿勢は、ハイハイで移動する乳児期に両足、両手を動かしながら獲得していきます。

ハイハイを真横から見ると「自転車を漕いでいる」ように見えますが、この動きをたくさんすることで自然と筋肉や関節感覚が発達していきます。乳児期に十分四つん這いの動きをさせ、あそびの中で体全体の発育を促していくのはとても重要なことです。

中には、乳児期の「原始反射」が残っていて、自分で四肢をコントロー

ルすることが困難な子どもがいます。水中に入ると陸上では統合していた
と思っていた原始反射が出てくるケースがあり、これがバタ足の動作がう
まくできない原因のひとつと考えられます。

● 水中療育という視点

　障がいのある子どもたちへ水泳を通じた支援をする中で、子どもの発達
段階に注目して、水中でのあそび、水泳などを支援するプログラムを作る
必要性を痛感してきました。こうしたプログラムを作成するには、子ども
たちの体全体のバランス感覚や水平・垂直の姿勢保持などをよく観察し、
子どもたちの心身を育てるのに必要な、効果的で楽しく、継続性のあるあ
そびや活動を考えだす必要があります。

　本書では、「水中療育」という視点から、私たちが実践しているプログ
ラムの中でも代表的なものをまとめました。

● シンプルだからこそ、奥が深い

　泳ぐ動作を構成する、腕や足、体幹などの動きの一つひとつはとてもシ
ンプルなものです。その組み合わせでひとつの形の泳ぎができあがります。
たとえば、むずかしいと思われているバタフライも、両手を前から後方に
動かす動作と、両足を上下にキックしていく動作の組み合わせでできてい
ます。

　水中での浮力や水圧など、陸上とは異なる特殊な環境の中では、体幹の
弱さやバランス感覚が原因の困難さが現れることがあります。

　私たちの水泳教室では、その子どもに特有な原始反射や発達課題の段階
に配慮して、体を動かす下準備を念入りに行っています。

　泳ぐことを最初の目的にするのではなく、水あそびなどによって体を動
かしながら感覚を養い、「あそんでいるうちに、泳げちゃった！」という
自発的な成長を促します。

本書は、子どもたちの心身の発達につながる水中療育支援の教則本として書き上げたものです。家庭で、学校で、各種の水泳教室で、水に親しむ機会や水中運動を効果的に行う参考になれば幸いです。

　原始反射の視点から子どもたちの発達を考え、水中療育によって子どもたちの成長をサポートし機能を育む──以前より、そんな新しい療育のテキストができないかと考えておりました。今回、刊行を実現することができ大変嬉しく思っています。

　水の中での療法・運動を通して、子どもが挑戦したその勇気を一緒に喜び合えるような支援が広がっていくことを心から願っています。

一般社団法人日本障がい者スイミング協会

酒井泰葉

本書の特長

　ここ数年、療育や水泳教室の関係者から個々の子どもたちへのプール活動の支援について相談を受けることが多くなっています。

　本書は、これらの相談を念頭におきながら、理論的背景の解説を交えて、「水中療育」を紹介しています。前著『発達が気になる子への水泳の教え方』（合同出版、2019年）の内容を踏まえた上で、発達段階を考慮しながら心身の発達を促す水中療育支援の実践を解説しています。

　障がいのある子どもたちが水中で獲得した心身の発達は、日常生活の充実につながっていきます。

　水中と陸上の両方でのあそび、運動に注目して発達を促すことが必要です。コロナ禍で、子どもたちの自由な外あそび、施設での活動を制限される状況もありました。こうした運動の制約が、将来子どもたちにどんな影響をもたらすのか心配しているのは私たちだけではないと思います。

　その点からも、本書がプール支援を行う方、家庭でできる運動に取り組みたい保護者の方々、子どもに関わるすべての方々にとって、子どもたちが体を動かす機会を積極的に与える際の一助となれば幸いです。

動画で もっと わかりやすい!

「水中療育20の実践プログラム」 やり方動画のご案内

　本書でご紹介している「水中療育20の実践プログラム」を行う様子を映像でご覧いただくことができます。

　動画を見ながら本書をお読みいただくことで、さらに水中療育への理解が深まります。

　本書と併せてぜひご活用ください。

視聴方法

①タイトルの横のQRコードを
　読み取ります。

②動画サイトが開き、動画一覧
　が表示されます。
　タイトルが同じ動画を選択す
　ると、プールでの練習動画が
　再生されます。

※画像は開発中のものです。デザイン等は変更する可能性がございます。

Part 1　心と体をぐんぐんそだてる水中療育

Part 2　水中療育20の実践プログラム

Part 1

心と体をぐんぐんそだてる

水中療育

　水中療育をするためには、
①子どもと水との信頼関係
②子どもと支援者との信頼関係
の２つの信頼関係の土台作りが必要です。
　この土台をしっかり固めて、水の世界の素晴らしさと安全を伝えていきます。
　子どもの特性や脳・体の仕組みを理解することで、子どもがどのような状況に置かれて、どのような気持ちになっているのかを「あーそうだったんだ！」と感覚的に捉えることができます。
　子どもの様子が分かると、自然に配慮ができるようになり、より本人に寄り添った支援をすることができます。

1 水難事故から身を守るために

昔から、水の事故は後を絶ちません。川あそび、海水浴での事故だけでなく、最近は、台風や豪雨による川の氾濫や家屋・ビルへの浸水によって人命に関わる水難事故が起こっています。

● 水の事故から命を守る3つのスキル

①**つかまる**……浮いているものや土台のしっかりしているものにつかまることで体を安定させるスキル。

②**背浮きをする**……水かさを増した水中で、背浮きをして呼吸を確保するスキル。

③**体の向きを変える**……回転して体の向きを変え、顔を水面に出すスキル。

この3つのスキルがあれば、水中でも命が助かる確率が高くなると言われています。パニックになっている状態では必要以上にエネルギーが失われます。普段からプールなどで、大人も子どももこの3つのスキルができるよう練習をしておくとより安心です。

私も、家族旅行で行った海で、波の力によって海の底へ体をもっていかれた体験があります。親戚は川で溺れている人を助け、自身は命を落としています。両親は、川の流れや潮の流れの見方、離岸流に乗ってしまい沖の方に体をもっていかれたときの対処法などを折に触れて教えてくれまし

た。

　日本では水泳の能力にかかわらず誰でも水に入ることができますが、た
とえば、海抜ゼロメートル以下の国土が４分の１を占めるオランダでは、
国の決まりで水泳の技能を身につけることが義務づけられており、一定レ
ベルを取得していないと余暇活動の参加が制限されることもあります。

　水あそびは身近なレジャーですが、ときに大きな事故に遭うこともあり
ます。楽しく水と触れ合うためにも、自分の身を守るスキルを身につける
ことが重要なのです。

障がいのある子への3つのスキルの伝え方

　体を思い通りに動かすことが苦手な発達障がいの子どもたちには、先述
の3つのスキルをそれぞれ分解して伝えています。

①つかまるスキル

❶プールのふちに両手でつかまり、両
方の足の裏をプールの壁につけます。肩
の力を抜いて背中を丸めると、楽な姿勢
でつかまり続けることができます（右図
参照）。

❷足の甲を壁につける子どもには、足
の裏をつけるように伝えます。

❸イメージするのが得意な子どもの場合、「セミさんだよ」「ダンゴムシ
さんのポーズだよ」「卵になってみようよ！」と声かけをするとつかまる
イメージが伝わります。

❹つかまることができたら、そのまま左右に横移動します。

②背浮きのスキル

❶肩まで水の中に浸かったら、顔を天井に向け耳まで浸かります。

❷深呼吸して体をよく伸ばします。はじめは子どもの後ろから頭を支えてあげると安心感があります。

❸自然と両足がプールの底から離れるのを待ちます。両手足が広がり、体の力が緩んでいる状態を目指します。

背浮きをしたときに両手・両足がバタバタするのは、「モロー反射」が出現することが原因かもしれません。のちほど紹介しますが、モロー反射は原始反応のひとつで、新生児に見られます。「抱きつき反射」とも呼ばれ、体が傾いたときなどに現れる、両手を広げて抱きつくような反射動作です。通常は生後4カ月程度で消えていきます。

幼児や水に不安を感じている子どもなど、背浮きの姿勢がむずかしい子どもは、立った姿勢で浮くことにチャレンジするとよいでしょう。アームヘルパーを両腕に通し、立ったままリラックスすることを体験します。

③回転するスキル

❶背浮きの姿勢になってから、左右どちらかやりやすい方にコロン！
と180度回転してうつ伏せの姿勢になります。

❷うつ伏せの姿勢から、左右どちらかやりやすい方にコロン！　と
180度回転して背浮きの姿勢になります。

❸口が水面に出たタイミングで息をします。

❹❶〜❸の動作を根気よくくり返し伝えます。できるようになったら
「回転パンケーキ」（80ページ参照）にチャレンジしてください。

② インクルーシブな支援

　最近は療育センターやスイミングスクールからのお問い合わせやご相談が多く、障がい児への水中運動や支援方法への関心の高まりを肌で感じています。

　発達障がいの子どもの場合、「原始反射」「感覚過敏・鈍麻」など、個別の悩みを抱えていることが多く、支援をする側が発想を転換する必要があります。子どもたちの発達の段階がそれぞれ違いますから、同じプログラムで支援をしても効果が上がりにくいのです。

　発達に遅れがある子どもたちを支援するための具体的なプログラムは、のちほどくわしく紹介しますが、一言でいうと「泳法を主軸としたプログラム」ではなく「人との交流を大事にしながら水中療育で体を育むプログラム」での支援を大切にしています。

　世界保健機関（WHO）による国際生活機能分類（ICF）の定義では、通称「社会モデル」というように、障がいのある子どもを取りまく環境に注目します。

　同じ空間で交流しながら水中療育を行うとさまざまなメリットがありますが、インクルーシブ（仲間はずれにしない）な環境を整えることで、水中療育はより効果を発揮することができるでしょう。

　例えば、ある子どもの特性や苦手に対して行った療育が、一緒に取り組んだ別の子どもにとっても効果を発揮することがあります。同様に、ある子どものための合理的配慮がその場にいる全員が安心して過ごせる環境につながることもあります。「人と交流しながら体を育む」という発想の方

が個別性の高い問題も普遍的に考えることができます。

　一方、泳法を軸としたプログラムでは指導が一律になりやすく、同じ指導でフォローできる子どもを集めて行うことが多いため、分離教育につながりやすい面があります。その子の特性に合う方法も見つけにくく、時間も労力もかかります。

　発達障がいの子どもの場合、みんなと一緒に集中して練習していきたい思いはあるものの、周囲が気になることが多く練習がむずかしいこともあります。そこにいるすべての人にとって、居心地の良い空間をつくる合理的配慮が必要です。

　私たちの水泳教室でも、発達障がいの子どもと肢体不自由の子どもを同時に支援することがありますが、発達段階が同じレベルであることから、一緒に指導できるのです。声かけや身体介助はそれぞれの子どもの状況に合わせますが、同じ練習ができるので、切磋琢磨することができます。

　知的障がいの子どもと、肢体不自由の子どもと、聴覚障がいの子どもを一緒に支援することもあります。この場合、「音声言語」と「手話言語」を同時に使用しています。視覚言語である手話は、知的障がいの方にとって、目で見る言葉や合図になって、指示が分かりやすいという利点があります。

　泳法や泳力、学年などで分けたクラスではなく、発達、障がいや生活目標に応じた「インクルーシブ」な指導、支援を実践することができます。この支援が全国各地に広まり、障がいのある子どもたちのウェルビーイングへつなげていくことが叶うのです。

　このような理念のもと水中療育に必要な体の基本姿勢や動かし方、それを障がいのある子どもたちに分かりやすく伝えるあそびや練習方法が考案されています。

水泳発表会の様子
（撮影：小林志夫）

23

3 水中療育のメリット

　障がいのある子どもとプールに行く際には、いくつも事前準備が必要になります。水泳用具、着替えのほか、当日の気持ちの揺れや気圧、気温などによる体調の変化などにも注意を払う必要があります。

　このような事前準備が必要だとしても、水中療育への期待が大きいのは以下のような点があるからでしょう。

〈家族からの期待〉

- 運動習慣がつく
- 風邪をひきにくくなる
- 全身運動のため体を鍛えられる
- 生活リズムが整い眠りが深くなる
- 自己肯定感が育つ　など

〈子ども側のメリット〉

- 原始反射の名残を発見しやすい
- 重心の使い方から再学習できる
- 体幹を自然と使える
- 力の抜き方が分かる
- 体の内側から平衡感覚や運動感覚を養っていくことができる
- 粗大運動も微細運動もできる
- 呼吸が深くなる

- 情緒の安定につながる
- 気圧の変化への順応性が高まる
- 言葉が出やすくなる（支援方法による）　など

　これらの水中療育から得られる心身へのメリットは、障害の有無にかかわらず日常活動の中に取り入れたいものです。

水の世界で働く５つの力

　水中療育でこのような点を期待できるのは、水という環境が持っている物理的な力が大きく影響しています。

❶水温……水中で体温を維持しようと体内で熱生産が始まり、血液が温められると血管が広がって血液の流れが良くなります。

❷水流……水の流れは皮膚へさまざまな刺激（温感・冷感・振動・圧力・触覚）を与え、自律神経系を刺激し、活性化します。

❸水圧……水中にある人体にはあらゆる方向から水圧がかかり、静脈の血流が促進されます。

❹浮力……水に浸かっている部分の体積によって「浮く力」が働き、水中では胸ほどの深さで体重が約3分の1に軽くなります。

❺抵抗……水の密度は空気の約800倍と言われています。体を動かすことによって抵抗が大きくなり消費エネルギーが増加します。

（参考：『水中ウォーキング』小西薫【監修】、YWCAフィットネスワオ【編著】）

　水の中にいるだけでも、自律神経（交感神経と副交感神経）に影響を与え、血圧や脈拍、体温をコントロールして全身が良い状態でキープできる

ように体が働きます。

　私たちが水中で歩くときには、バランスを取るための「姿勢反射」とい
う機能が働きます。関節の位置を知る深部感覚や平衡器官が視覚情報と相
まって、姿勢を維持しようとします。

● 水中でリラックスした状態

　水中では浮力が働くため、関節が動きやすくなります。体重も軽く感じ
られるので、少ない力でも体をコントロールしやすくなります。肢体不自
由の方が水中で体を動かしやすいのも、水の特性があってこそです。これ
は原始反射が残っている発達障がいの方も同じで、水中に浮いているだけ
で背中側に水の流れを感じ、体が楽になることを実感できます。

4 「水中リラクゼーション」で
泳ぐ準備をしよう

　私たちの水泳教室では、心身の緊張を解きほぐす水中リラクゼーション＝施術を重視しています。背浮きや立位の姿勢で、体の筋緊張をニュートラルな状態に近づけ、体を動かしやすくし、心身の緊張を解放する効果が期待できます。

水中リラクゼーションの目的

　自閉スペクトラム症やADHDの子どもは、「モロー反射」をはじめとした原始反射が残っていることが多く、周りの音に敏感に反応したり、不安になりやすかったりします。また、交感神経が過剰に働き「戦闘モード」になってしまうこともあります。戦闘モードになると、心拍数が上がり、原始反射が出やすくなります。子どもによっては機能性低血糖症状を抱えていることもあります。機能性低血糖症状を示した子どもは、水中で落ち着いて活動することがむずかしくなります。

　水泳は力を入れすぎるとうまく泳げないので、水中リラクゼーションを導入してスムーズに泳ぐ体内環境を準備します。「リラックスして終わり」ではなく、「リラックスしてその先の活動につなげる」ことを目的にしています。

● 水中リラクゼーションの効果

　水中リラクゼーションでは、本人が背浮きの姿勢になり、支援者は相手の背中側に触れることができます。背中側から肺の部分を押し広げ、呼吸が深くなるように促すと効果的です。これを、陸上で横になるリラクゼーションで行うのは大変むずかしいことです。

　実際、私たちの水泳教室に興奮状態で参加してきたADHDの子どもに対して水中リラクゼーションをすると、リラックスして静かに立っていられたり、指示が入りやすくなったりします。

　あるADHDの子どもは、気持ちが高ぶった状態で水泳教室に参加し、教室参加はむずかしいと感じられるほどでしたが、水中リラクゼーションを受けたあと、気持ちが落ち着き、練習に参加することができました。

　また、日ごろから眠りの浅い発達障がいの子どもは、水中リラクゼーションの最中に眠ってしまうことが度々ありました。本当にリラックスできたからでしょう。水中リラクゼーションは「肢体不自由の方向けの水中プログラムでは」と思われがちですが、自閉スペクトラム症の子どもにもリラックス効果があります。

　視覚が優位な自閉スペクトラム症の子どもは、見えない部分を意識することがむずかしいのですが、水中リラクゼーションをしながら「ここが背中だよ」「肩だよ」と伝えると、脳内に体の地図（ボディマップ）が作られていきます。ボディマップが描けていれば、子どもは自分の手や足、背中など体を認識することができます。目から入ってきた情報から、適切な方向・適度な力加減を判断し「思い通りに全身をコントロールする」ことができるようになります。

5 水中リラクゼーションの やり方

動画はコチラ

● 基本的な水中リラクゼーション

　水中リラクゼーションには上肢・下肢・体幹の３種類があります。

　まずは親子、あるいは信頼関係ができている大人と子どもで二人一組になり、水中の気持ちよさを体感してみましょう。いわゆるツボや経絡は気にせず、日ごろ頑張っている体を労り感謝する気持ちでやってみましょう。その後の運動支援が格段にスムーズになります。

リラクゼーションの準備

　水中リラクゼーションを行う前に、大人自身の手をセルフリラクゼーションします。こわばった手で行うと、子どもに緊張や固さが伝わってしまい、効果が半減してしまいます。まずは座って楽な姿勢で上肢の水中リラクゼーションを行いましょう。「あたたかくなった」「やわらかくなった」「皮膚に透明感が出た（血色が良くなった）」などの変化があれば準備万端です。

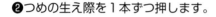

①上肢の水中リラクゼーション

❶子どもが背浮きの姿勢になります。
パズルフロートを使うとより安定します。

❷つめの生え際を1本ずつ押します。

❸子どもの指を回していきます（親指・
小指どちらから回してもかまいません）。
指を軽くつまんで「くるくるピン」と
1本ずつ回していきます。

❹指の付け根の関節をほぐすように
さすります。

❺手の甲、手のひらをほぐします。大人の両手で子どもの手を挟んでほ
ぐしてもよいでしょう。

❻手首を支えて、水の中で左右、
上下に揺らします。

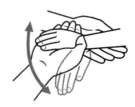

❼肘の上下を支えて、
水の中で揺らします。

❽肩関節を下から支えて揺らします。
無理のない範囲で、腕の可動域を広げます。

❾片方の手が終わったら、もう一方の手を同じようにやります。

手足には細かい骨が多数あり、関節も複数あります。一つひとつを水の
中で揺らし、動きをスムーズにします。緊張を水に流す気持ちで行います。

②下肢の水中リラクゼーション

❶子どもは背浮きの姿勢になります。
パズルフロートを使うとより安定します。

❷つめの生え際を１本ずつ押します。

❸子どもの足の指を回していきます（親
指・小指どちらから回してもかまいませ
ん）。指を軽くつまんで「くるくるピン」と
１本ずつ回していきます。

❹指の付け根の関節をほぐすように
さすります。

❺足首を支えて、水の中で左右、上
下に揺らします。

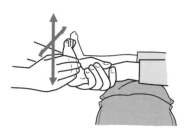

❻ひざを支えて、片足ずつ水の中で
曲げ伸ばします。

❼足とひざを支えて、股関節を曲げ伸ばしします。余裕があれば、ふく
らはぎや太ももをほぐします。

❽片方の足が終わったら、もう一方の足を同じようにやります。

③体幹の水中リラクゼーション

❶子どもは背浮きの姿勢になります。
パズルフロートを使うとより安定します。

❷子どもの頭を支援者の肩に乗せます。

❸上下のリラクゼーションを行います。子どもの胸が深呼吸してひらくように胴体を上に軽く上げて支えます。子どもの呼吸に合わせましょう。

❹子どもの体が沈みこんだら支えるように手を添えます。

❺左右のリラクゼーションを行います。
　子どもの胴体を左右にゆっくり動かし、水面を滑らせていきます。水中で手足がしなやかに揺らぐように動く状態がベストです。力が抜けてリラックスしていることの証しになります。

　リラックスした体は、ふんわりした筋肉になっています。施術をやっていない反対側と比べて、「ふんわりゆるんだ様子」になっているかチェックしましょう。
　成人や男性は足が沈みがちになりますが、イラストのように背中とひざ下にパズルフロートを入れて体を浮かせると水平姿勢が取りやすくなります。

6 子どもと信頼関係を築く 6つのスキンシップ

水中療育を効果的に進めるためには、子どもとの信頼関係づくりが欠かせません。信頼関係づくりの代表的な方法に愛情をもったスキンシップがあります。水中は保護者以外の大人がスキンシップを行うのに適した場所です。

水中でのスキンシップの効果

プールに入ると子どもは心身ともに不安定になりがちです。そのような状況下で教員・支援者など保護者以外の大人に体を委ねてもらうには大人と子どものあいだに信頼関係が作られていることがポイントになります。

逆に言えば、水中で人間関係を作るスキンシップはとても効果的なものです。水が怖い子どもの場合、その気持ちに寄り添ってくれる人がいるだけでも気持ちが救われます。大人に抱えてもらった安心感は、大人に対する信頼を高め、水の怖さを軽減する効果があります。

信頼関係を築くための6つのスキンシップ

子どもと信頼関係を築き、子どもの世界に入って一緒に水中療育に取り組むための6つのコツを紹介しましょう。子どもたちとの信頼関係ができれば、その後の水中療育がスムーズに進みます。

①抱っこ

水中で子どもを抱っこするスタイルは2つあります。

❶向き合った姿勢の抱っこ

❷同じ方向を向いた抱っこ

同じ方向を向いた抱っこは子どもから抱っこしている人の顔が見えないので、向き合った姿勢の抱っこより難易度が高くなります。

❶向き合った姿勢の抱っこ

❷同じ方向を向いた抱っこ

②おんぶ

水中で子どもをおんぶします。子どもの足が大人の胴体をしっかり挟むようにサポートします。

③たかい・たかい

　水中で子どもの脇を支えて、その子に合わせてたかい・たかいをします。抱っこの姿勢から離れ、また元に戻る動作をくり返します。物理的に離れていても安心感が保たれていることを体感してもらいます。

　水中から持ち上げられることを怖がる子どもや、急に持ち上げられるとパニックを起こす子どももいます。様子を見ながら高さを変えて試しましょう。反対に水が好きな子どもには、高く飛んでザブンと水中にダイブしてみましょう。

　向き合った姿勢でのたかい・たかいに慣れてきたら、同じ方向を向く抱っこの姿勢からたかい・たかいを試してみましょう。子どもの視界には大人がいないので、上に放り投げられる感覚になると思います。子どもが嫌がったら無理にやらず、向き合った姿勢の抱っこで信頼関係を築いていきましょう。

④ゆらゆらあそび

　実際に体を動かすことで、前、後ろ、右、左のボディマップが発達します。位置や方向感覚をつかむことがむずかしい発達障がいの子どもに適した水中あそびです。

❶前後にゆらゆら

子どもの好きな歌を歌ったり、「シーソー、シーソー」と言ったりしながら水中で脇を支えて子どもを揺らします。

「前、後ろ」とかけ声をかけると、言葉と動作が分かるようになります。

❷横にゆらゆら

「右、左」とかけ声をかけながら揺らすと、言葉と動作が分かるようになります。

⑤ぐるぐる洗濯機

子どもを抱きかかえた姿勢で、洗濯物のように水の中で回します。

半周（180度）、1周（360度）と変化を加えたり、回す速さ、回転方向を変えたりすると体にあたる水の刺激が変化します。

はじめはキョトンとした表情をしていた子どもも次第にのってきます。歌を歌ったりかけ声をかけたりすると、子どもも動きのタイミングをつかむことができます。

⑥パラシュートでGO

子どもを脇に抱え、水面で水平
姿勢の練習をします。手足、体幹
を伸ばして、パラシュートで進む
姿をイメージします。

　発達障がいの子どもは、ハイハイの時期が短かったり、全くハイハイせ
ずにつかまり立ちをしたりする事例もあります。ハイハイを十分に行うこ
とで、腸腰筋などの筋肉や、背骨を左右にしならせる動きが発達します。
ハイハイはバランスよく座ったり、立ったり、歩いたりするための準備運
動の役割をしています。

　水中での水平姿勢に不安を感じ、体がピンと緊張するパラシュート反射
が出る子どもがいますが、徐々に慣れてくると、全身が張り詰めている状
態が軽減されていきます。

　バランスが取れるようになると、けのびやビート板を持った姿勢や、キ
ック動作の運動をしたときの体幹が良くなります。視線を決めて水平姿勢
を維持できるようになると、キックで進む距離が長くなったり、集中力が
アップしたりします。

　潜るのが好きな子どもには、潜ってパラシュートをすると、体を流れる
水を感じてより気持ちよさを体感できます。

7 障がい児の感覚に寄り添う

● 感覚を理解する

　発達障がいの方、知的障がいの方、肢体不自由の方、それぞれの五感を想像することは、長く福祉の仕事の経験を積んでいてもなかなかむずかしいことです。

　「痛みを感じないって、どういうこと？」

　「汗をかけないと、どうなるの？」

　「曇り空なのに、サングラスが必要なの？」

　「シャワーが痛くて浴びられないってどういうこと？」

　などなど、本当の意味での想像はむずかしいのです。「辛いよね、困っているんだよね。その気持ちよく分かるよ」という言葉だけになっていないか不安になることがよくあります。

　たとえば、寒さを感じやすい方がいます。

　水温30度のプールに入ったとして、私たちはそのプールで運動することができますが、寒さを感じやすい人は入った瞬間にブルブルと震えて、体がこわばって不安な状態になってしまいます。10度前後の水風呂に入った瞬間に「ブルッ！」と震える感覚を水温30度で感じる人もいるのです。

　まぶしさ（視覚）、耳の聞こえや音の伝わり方（聴覚）、皮膚感覚（触覚）なども人それぞれに違いがあり、それを理解して、環境を整備することが不可欠です。

　相談支援員の方から学んだことですが、「健常者の平均を知ること」が

ひとつの目安になります。「健常者の平均はどのくらい？」と考えていくと、「障がいのある方は特別そうなんだ」という理解ではなく、感覚のスペクトラムの中で想像することができるようになります。

● プールでよく見られる感覚の違い

　プールでよく見られる、感覚過敏・鈍麻からくる子どもの困りごとには以下のようなものがあります。感覚の違いに寄り添いながら環境調整を行いましょう。

例①　寒さを感じやすく体がこわばる

寒さを感じやすい子どもは、保温水着を着用する。

例②　シャワーが痛くて浴びられない

感覚過敏がありシャワーを痛がる子どもには、じょうろなどで少しずつ水をかける。

8 反射という体の働き

　日常生活であまり意識することはありませんが、私たちの体の動きは無意識に働く「反射」という機能によって助けられています。

　たとえば、体温が上がると汗が出て体温が調節されたり、食べ物を見ると自然とだ液が出たり、バランスを崩したときに姿勢を保って転倒を防いだりなど、「反射」によって私たちの生命活動が維持されています。

　「反射」には、体性反射と自律神経反射（内臓反射）があり、体性反射には、深部反射、表在反射、屈曲反射、姿勢反射などがあります。反射についてのくわしい説明は成書に譲りますが、生きていく中で「反射」がとても重要な働きをしているのです。

● 赤ちゃん時代の特別な「原始反射」

　胎児期から新生児期の期間、特定の条件で見られる反射のことを「原始反射」と呼びます。

　たとえば、赤ちゃんの手のひらに他の人が指を入れると、赤ちゃんは無意識に手を握る仕草を見せます。足に刺激を受けると足の指をギュッと握る仕草を見せます。これは「把握反射」という原始反射のひとつで、赤ちゃんの意思とは無関係に起こります。赤ちゃんは脳の発達が未熟なために、これらの反射が見

られます。

　赤ちゃんの月齢が進むにしたがって脳が発達していき、こうした原始反射は消えていきます。大人の私たちが手のひらに他人の指が入ってきても無意識に握り返すことがないのは、反射が消失しているためです。

　勝手に体が動いてしまうことを想像しにくい方は、たとえば、熱いものに手が触れたときに「熱い！」と手を離す動作を思い出してください。

　これは「脊髄反射」と呼ばれるものですが、原始反射と同じように無意識に（自分の思いとは関係なく）体が反応して動いています。

● 隠れ原始反射

　水中に入ると浮力が生じて体をより安定させなければならないため、「消失していたと思っていた反射があった！」と陸上で見られなかった反射を発見することもよくあります。たとえば、仰向けになって浮かぶ姿勢（背浮き）になるとき体の安定度を欠くと、モロー反射が出現することがあります。

　残っていたことに気づかずにいた原始反射を、本書では分かりやすく「隠れ原始反射」と呼ぶことにしますが、水中ではこのような「隠れ原始反射」を発見しやすくなります。

　モロー反射の他にも、水中ではさまざまな「隠れ原始反射」が見られることがあります。

　「隠れ原始反射」を見つけたら、そこにアプローチをした運動をすることで、原始反射の統合が進み、自然と消失していきます。

■原始反射の一覧

原 始 反 射 名	出 現 期 間	内　　容
自動歩行 （歩行反射）	出生時～ 生後 2 ～ 3 カ月ほど	足の裏が床などの平面に触れると、両足や片足を前後に出して歩き出すかのような仕草を見せる反射
哺乳反射 ※3 種類	出生後すぐ～ 生後 5 ～ 7 カ月ほど	赤ちゃんの口に入ってきたものを吸う反射
モロー反射	出生後すぐ～ 生後 4 ～ 6 カ月ほど	驚いたかのように両腕を広げ、続いて何かにしがみつくように両腕を縮こまらせるような仕草を見せる反射
緊張性頸反射 ※2 種類	出生後～ 生後 3 ～ 4 カ月ほど	身体の片側の一部を刺激すると、反対側の一部が無意識に反応し、身体の平衡を保とうとする反射
把握反射 ※2 種類	手→出生時～生後 3 ～ 4 カ月 足→出生時～生後 9 ～ 10 カ月	手足に何らかの刺激を与えることで、無意識的に握る仕草を見せる反射
バビンスキー反射 （バビンスキー徴候）	出生後すぐ～ 生後 1 ～ 2 年	足の裏の外側を、ややとがったものでかかとから足のつま先まで刺激すると、足の親指が外側に曲がって他の指が扇状に広がる反射
哺乳反射 ※3 種類	出生後すぐ～ 生後 5 ～ 7 カ月ほど	赤ちゃんの口に入ってきたものを吸う反射
探索反射		唇に何かが触れると、その触れた何かを探すかのように左右上下に首を回す
捕捉反射		唇に何かが触れると、唇・舌を使って捉えるような仕草を見せる
吸啜反射		口で指や乳首をくわえると、舌をなめらかに動かして吸う
緊張性頸反射 ※2 種類	出生後～ 生後 3 ～ 4 カ月ほど	身体の片側の一部を刺激すると、反対側の一部が無意識に反応し、身体の平衡を保とうとする反射
対称性 緊張性頸反射		赤ちゃんをうつ伏せ（腹臥位）の状態にして頭を上げると、腕が伸び脚が屈曲する 反対に頭を下げると、腕が曲がって脚が伸びる
非対称性 緊張性頸反射		赤ちゃんを仰向けの状態にして首を左右どちらかに向けると、首を向けた側の手足が伸びて、片側の手足が曲がる 非対称性緊張性頸反射が消失すると、一人で寝返りがうてるようになる
把握反射 ※2 種類		手足に何らかの刺激を与えることで、無意識的に握る仕草を見せる反射
手掌把握反射	出生時～ 生後 3 ～ 4 カ月	手のひらを指で触れると、触れた指を握り返す
足底把握反射	出生時～ 生後 9 ～ 10 カ月	足の裏親指の付け根にあるふくらみを指で圧迫すると、足のすべての指が内側に曲がる 足底把握反射が消失すると、一人立ち・一人歩きができる

（注）恐怖麻痺反射は胎内でおこる反射のため省略した。
『イラストでわかる小児理学療法』　上杉雅之（2013）より作成

発達障がいの診断を受けていない子どもでも、水中では「隠れ原始反射」を発見しやすくなります。水中では体がフワフワ浮いてしまうため、体の重心や体幹を安定させるために原始反射が出やすくなるのです。

● 子どもたちが抱える反射の名残

　文部科学省は立つ・座るといった幼児期に獲得しておきたい36の基本動作があると指針を出しています。人間は、それぞれの動きを組み合わせたり力をコントロールしたりすることで適切なシチュエーションで適切なアクションを起こせるようにしています。通常、原始反射はこの基本動作が発達するまでの期間働き、成長するに従って消失していきます。

　発達障がいや知的障がい、肢体不自由などの障がいがある場合、原始反射が残っていたり消失が遅れたりしていることがあります。原始反射が残っていると、自分の意思で体を動かしにくかったり、言語の獲得や日常生活の動作が困難になったりする障がいが現れます。

　自閉スペクトラム症やADHDの子どもには「モロー反射」や「把握反射」が残っているケースが多く見られます。

　たとえば、足の把握反射が残っている自閉スペクトラム症の中学生がいました。その子は歩いたり走ったりしているときに急に靴の中で足の把握反射が起こってしまい、段差のないところでバランスを崩して転んでしまうことがありました。「自分では普通に歩いているだけ」「走りたい」と思っていても、勝手に反射が起きてしまうのです。

　いつ反射が起きてしまうか分からないためぎこちない歩き方になるだけでなく、その様子を他人に見られて傷ついたり、「どうして急に転んでしまうんだろう」と葛藤したり、イライラしたりすることもあります。

　「隠れ原始反射」は無意識に起こるので、努力や意識で改善することは

むずかしいものです。しかし、周囲には「みんなと同じようにやりたいのにできない」ことが理解されにくいため、イライラする、無力感に襲われる、諦めが早くなるなど心も不安定になってしまいます。合理的な配慮が行われないと、不安障害や失声症などの二次障害が発生することもあります。

　ほかによく見られる原始反射の名残りとして、「字を書きたいのに鉛筆を握る力が入りすぎてうまく書けない」「まっすぐ立っている感覚がよく分からず、朝礼で体を揺さぶってしまう」などがあります。

9

運動とご飯の大切さ

　原始反射が残っている障がい児の中には、とくに低血糖症状に陥りやすい子どももいます。無意識下の反射が常に体中に起きやすくなるので、その分エネルギーも消耗しやすいのです。

● 自傷・他害の原因になることも

　砂糖（単糖類）や果物（二糖類）由来の糖質は、即効性のあるエネルギー源です。体内で糖質が分解・吸収されることでエネルギー源となり、脳をはじめとする各部位、機能が働いています。おなかが空くとイライラしたり、集中力が切れてぼーっとしたり、注意散漫になったりしますが、これはエネルギー切れのシグナルです。このシグナルが出ることで甘いものをおやつに食べたり、食事を摂ったりすることになります。

　間食にアイスクリームなど砂糖の入ったお菓子を食べると一時的に血糖値が上がりますが、すぐ急激に下がってしまいます。この急上昇、急降下でイライラや不安感は増長されていきます。

　さらに低血糖の症状が進むと、自傷行為や他害行為が現れたり、意識障害など生命の危険にさらされたりすることがあります。

　他害行為になってしまうと、将来の社会参加がむずかしくなりかねないので、大人側はここを何とかしなければなりません。前提として問題行動が起きにくい合理的配慮や環境調整が重要ですし、さらにその土台として目の前の子どもと信頼関係を構築して、前兆を見逃さないように大人が目

を養うことが必要になります。

子どもが本当にほしいのは「ご飯」

　糖分には、砂糖の単糖類、果物に含まれる二糖類、穀物の多糖類があります。おやつや食後に、砂糖の入ったお菓子を食べると、血糖値が急上昇・急降下します。

　果物はビタミンが豊富で健康に良いというイメージがありますが、個人差があるものの、甘みの強い果物は血糖値を急上昇・急降下させ、イライラや不安感の原因になることもあります。また、果実の中には体を冷やす作用が強いものがあったり、取りすぎは便秘や糖分のために肥満の原因になったりすることがあります。

　子どもたちの脳や体に本当に必要なのは「ご飯」です。多糖類のお米は、食物繊維の豊富なでんぷん質です。温かいご飯は、血糖値の上昇と下降を穏やかにします。

エネルギー補給におむすびを

　炊いたご飯でぜひ子どもとおむすびを握って、運動前に食べてみてください。エネルギーと一緒に温かさが体の中に入っていきます。

　感覚過敏の子は、ご飯のベタつきが気になるかもしれません。のりや葉物を巻くなど、栄養素をアップさせ、かつ直接ご飯に触れない工夫をするのも良いと思います。水泳教室の30分前におむすびを1つ食べておくと、おなかも気分も落ち着いて練習に集中しやすくなります。

ひ と こ と コ ラ ム

水中療育でことばを育てる

水中療育を通じて子どものことばを促すポイントをご紹介します。

ポイント1 子どもの喃語やひとりごとに大人が反応して、発声を促す

　まずはたくさん話してことばが出やすくなるように促します。ことばが出ないと、正しい使い方かどうかも分からないためです。

ポイント2 子どもの話しやすいシチュエーションを探る

　ことばが出にくい場合は、1音から意思疎通ができる面白さを知ってもらいます。

　単語が言える場合は、「なにをしたいか」を質問し選んでもらいます。たとえば、子どもが「およぐ!」と言ったら「『ばたばた』する?『らっこ』する?」と聞きます。このとき、絵カードを使ったり、「『ばたばた』する?」と言いながらグーにした右手を、「『らっこ』する?」と言いながらパーにした左手を見せたりするとより分かりやすくなります。はじめはことばではなく、指差し・手を触るなどの方法で選んでもらってかまいません。やりとりすることで、会話のキャッチボールを増やしていきます。

　歌やリズムがある方が話しやすい子ども、端的に伝える方がよい子どもなど、子どものタイプを見極めて話します。

ポイント3 動作に音や名前をつける

　子どもの動作に音や名前をつけます。たとえばジャンプを「ピョンピョン」と呼ぶなどです。子どもに伝わった名前はなるべく変えません。ジャンプの動きを「ピョンピョン」と理解している子に、急に「ジャンプ、ジャンプ」「高い、高い」などと言うと、違う練習なのかと思ってやめてしまったり、混乱してしまったりするためです。

ポイント4 子どもに音や名前を伝えて動きを引き出す

　大人が「ピョンピョン」と言ったときに子どもがジャンプできるか練習してみましょう。ジャンプができれば、音と動きがつながりしっかり理解している証です。このときも、「ジャンプ」など他の名前は使わず、子どもの中に入っている(内言)音や名前で伝えます。

　他の名前を覚えてもらいたいときは、今の音と動きが完全に一致してから他の名前を伝えて般化していく練習をします。

Part 2

水中療育

20の実践プログラム

　この章では、実際に私たちが行っている水中療育の一部をご紹介します。

　どれも関節感覚や体性感覚、原始反射の統合をサポートしてくれるものですので、ぜひ楽しんで取り組んでみてください。

　「プールの外で」では、陸上の運動療育とのつなげ方もまとめました。多方面から子どもの成長を応援できるでしょう。

1 水中でリラックスして立つ

水中療育の基本は水中でまっすぐ「立つ」ことです。足の裏をプールの底にしっかりつけ、首・肩・腕など上半身の力を抜いて、リラックスします。顔はまっすぐ前を向きます。

やり方

❶ 子どもは、プールの壁に背筋を伸ばして寄りかかり、後頭部、肩甲骨、お尻、かかとが一直線になることを意識してリラックスして立ちます。

❷ 猫背になりやすい子どもには、背中にパズルフロートを1つ挟みます。

❸ 首が出やすい子どもには後頭部にパ
　ズルフロートを1つ挟みます。

❹ 肩が巻き肩になりやすい子どもには、
　肩の後ろにパズルフロートを1つ挟
　みます。

ここが
POINT!

1 「ゆるゆる〜」と声かけをしたり、あらかじめ腕や手をリラクゼーショ
ンしておくと筋緊張が抜けやすくなり、肩から力が抜けます。

2 「背筋ピン!」などの声かけは筋緊張させてしまうので、緊張が入るよ
うな声かけはしないようにしましょう。

3 水中で力が抜けていないと、腕も足も可動域が狭くなってしまい、体
の動きを効果的に引き出せません。

2 水中で足をリラックスする

動画はコチラ

水中でまっすぐ立ち、1歩足を踏み出して歩くためには下肢がリラックスしていることが不可欠です。片足ずつ足首を震わせて、水中を歩行する足首にするための準備体操をします。

やり方

❶ 子どもは、プールの壁に背筋を伸ばして寄りかかり、後頭部、肩甲骨、お尻、かかとが一直線になることを意識してリラックスして立ちます。

❷ その姿勢のまま、片足を上げます。

❸ 大人は、子どもの正面に立ち、上がっている片足のひざ下を両手で支え、前後・左右・ななめと円を描くようにやさしく足首をブラブラと動かします。

ここが
POINT!

1 足首がなめらかに動くようにやさしく動かし、足首の緊張を取り除きます。

2 足首に力が入り動かすことができない場合もあります。自分ではコントロールしにくい部位なので、大人が直接足を支えて、くり返しリラクゼーションをすることが必要です。

3 足首がやわらかくよく動く場合でも急に緊張することがありますので、水中療育をする際チェックしてください。

動画はコチラ

水中ウォーキングは体のバランスの状態を確認するのに最適な動作です。浮力や水圧などに負けずに1本の線上を歩けるかチェックします。プールの底のラインを目印に歩くように伝えると効果的です。

やり方

❶ 子どもはプールの壁に背筋を伸ばして寄りかかり、肩の力を抜いてまっすぐ立ちます。目線は正面を見ることを伝えます。

❷ 片足を上げ、かかとから着地し、プールの底を踏みしめるように前に1歩踏み出します。

❸ 踏みしめた足に体重移動し、反対側の足を上げ、かかとから着地します。

❹ ❷❸を意識しながら自然な歩幅で前に歩きます。普段歩いている歩幅が「自然な歩幅」だということを伝えます。

❺ まっすぐ歩けない場合は、大人が横につき、子どもの手を持って子どもの歩幅に合わせて進みます。

ここが
POINT!

1 まずは陸上と同じように自然な歩幅とペースで歩きます。肩まで沈んだり歩幅を広げたりするのはそのあとです。

2 子どもの歩幅やペースに合わせて歩きましょう。ありがちなのは、大人が子どもの手を持ってどんどん進んでしまい、子どもの姿勢が崩れるパターンです。

3 子どもが正しい姿勢で歩いているか、背筋や表情を見ながら歩行のサポートをしましょう。

4 普段のウォーキングの歩幅が基準です。歩幅を広くするか狭くするかどちらがやりやすいかは子どもによります。歩きやすい歩幅から少しずつ変化を加えていきましょう。

プールの外で

- 肩が緊張して怒り肩になっている子どもが多いので、陸上を歩くときも子どもの肩に手を置くなどして、肩から力を抜くこと、重心を下げることを伝えます。
- 普段のウォーキングでも、かかとがしっかり着地していることを確認します。

4 水中ウォーキング（後ろ向きで歩く）

水中を後ろ向きに歩きます。後ろ向きに歩くには進む方向が見えない不安を取り除く必要があります。怖がる子どもには、大人が子どもの両手を持って介助をします。後ろ歩きで、すねの筋肉が鍛えられます。

やり方

❶ 背筋が伸びている姿勢で、片足のつま先を後ろへつきます。

❷ 後ろへついた足をかかとまでしっかりつけ、プールの底を踏みしめます。

❸ 踏みしめた足に体重移動して、反対
側の足のつま先を上げて後ろへ動か
します。

❹ ❶〜❸をくり返して、自然な歩幅で後ろに歩きます。

ここが
POINT!

1 すねの筋肉を鍛えるとバランスを崩したときの転倒予防になります。

2 後ろが見えずに子どもが不安を覚えるときは、子どもの両手を支えて
介添え歩きをします。手すりにつかまって進む後ろ歩きを伝えるのも
よいでしょう。

3 後方を意識することがむずかしい場合は、大人が子どもの背中に手
を当てて、子どもが背中で大人の手を押しながら歩くと「真後ろ」が
分かりやすくなります。

5 水中ウォーキング（横歩き）

動画はコチラ

進行方向に対して直角に立ち、一歩ずつ横に歩いて進みます。進行方向に顔を向けずに、まっすぐ前を向いて歩きます。視覚に頼らず、体幹でバランスを取りながら歩くので、姿勢の保持、関節の感覚認知、空間認知、ボディマッピングの強化につながります。

やり方

❶ 進みたい方の足を横に出し、踏みしめます。足先とひざの向きをそろえましょう。

❷ 踏みしめている足に体重をのせて、もう一方の足を引き寄せます。

❸ ❶❷の動作をくり返してまっすぐ横に進みます。

❹ ぐらつきやすい場合は、真横に両手をまっすぐ伸ばします。

1 足を真横に出すことがむずかしい場合は、プールの底にある線の上で歩きます。はじめは線を見ながらでもかまいません。

2 自然な歩幅は普段のウォーキングの歩幅であることを伝えます。安定した歩幅は人によってそれぞれです。

3 水中ウォーキングに負荷を加えたいときは、歩幅やスピードに変化をつけます。

プールの外で

● まっすぐな線を引き、スタート、ゴールを決めてその上を横に歩きます。

● まっすぐ歩けるようになったら、波線やジグザグ線にしてスムーズに進んでいく練習をします。

● できるようになったら、手の動作を加えてみましょう。

6 水中ウォーキング
（横交差で歩く）

動画はコチラ

片足を前で交差するやり方と、後ろで交差するやり方があります。どちらもできるようにチャレンジしましょう。一本足で立つ瞬間にぐらつかないように、しっかり踏みしめることを伝えます。

やり方

❶ 進みたい方の足を横に出し、踏みしめます。
足先とひざの向きをそろえましょう。

❷ 踏みしめている足に体重をのせて、片方の足をひきつけ、足を交差します。

60

❸ 足のねじれを取りながら、進みたい
方の足を横に出して進んでいきます。

❹ ぐらつきやすい場合は、両手を真横
にまっすぐ出します。

ここが
POINT!

1 歩幅を小さくする方がむずかしいのか、広くする方がむずかしいのか
は子どもによります。歩きやすい方から試していきましょう。

2 足を交差するときにお尻が出てしまうと姿勢が崩れてしまいます。交
差した足を元の位置に戻そうとしたときにバランスを崩しやすくなるの
で、ゆっくり動かすように伝えます。

プールの外で

● まっすぐな線を引き、スタート、ゴールを決めてその上を横に歩きます。

● まっすぐ歩けるようになったら、波線やジグザグ線にしてスムーズに進ん
でいく練習をします。

● できるようになったら手の動作を加えてみましょう。

7 水中ウォーキング（応用編）

動画はコチラ

前歩きから横歩き、横歩きから後ろ歩き、交差歩きなど、2種類以上を組み合わせます。歩幅を変化させたり、速さを変えたりしても止まらずにスムーズに歩けるようにチャレンジしてみましょう。

ここでは3つの歩き方を紹介します。この運動で体幹や関節の感覚、方向感覚の認知などが強化されます。

やり方

❶ 四角く歩いてみましょう。

❷ ジグザグに歩いてみましょう。

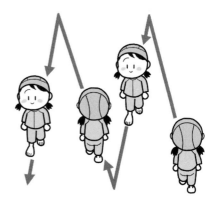

❸ 丸く円を描くように歩いてみましょ
う。

1 慣れないうちは、歩き方を変えるタイミングで止まりがちですが、ス
ムーズに体の向きを変えられるように体重移動を意識します。

2 リズムよく声をかけます。

3 速く歩くことを目指しがちですが、ゆっくりすぎるぐらいのペースで歩く
ことも体幹に負荷がかかり運動の効果が上がります。目的に合わせ
てバリエーションを増やしていきましょう。

4 次のような工夫をして楽しみながら取り組んでみましょう!
- 音楽をかけたり、歌いながら歩く
- 水中ウォーキングでレースをしてみる
- 腕を上げながら、または拍手や手あそびをしながら歩く
- ひざと手をタッチしながら歩く

8 水中ランニング

動画はコチラ

水中で自由に動き回れる体幹の強さを、水中のランニングで練習します。水中では体は軽くなりますが、水の壁を押しのけて進むには相当の体幹が必要です。慣れないうちはゆっくり移動することから始めます。

やり方

❶ 陸上と同じように水中で走ります。

❷ 前に進もうとすると、水の抵抗を感じます。

❸ 腕を前後にふり、歩幅を小さくするとリズムをつかみやすくなります。

64

ここが POINT!

1 水の抵抗が大きいため「小走り」から始めましょう。

2 足と腕の動きが連動できると推進力を得られます。

3 走っているときに前のめりになり、ダイブしてしまう子どもがいますが、陸上ではバランスを崩して転倒している状態です。スピードを落として確実に進むように伝えます。

4 5メートル、10メートルなど、決まった距離を走り続けることにチャレンジしてもらいます。

プールの外で

- 校庭、公園、競技場などで、おにごっこや氷鬼など走るあそびがおすすめです。思いっきり走り回って全身を動かしていきましょう。
- 走る前に足首を回してストレッチしたり、足の指をほぐしたりすると走りやすくなります。

9 水中ケンケン

動画はコチラ

体幹が弱いと水中でのケンケンは困難です。背筋をまっすぐにした姿勢で水中に立ち、ケンケンができるようにサポートします。片足で跳ぶケンケンは背筋の強さ、足の筋肉、体幹のバランスを発達させます。

やり方

❶ 軸になる足を決め、
　体重をのせます。

❷ 反対側の足を軽く上げます。

❸ その場でケンケンします。

❹ ケンケンができるようになったら、ケンケンで前に進みます。

ここが
POINT!

1 体幹が弱いことから、真横を向いてケンケンすることがよくあります。おへその向きも意識してケンケンしてみましょう。

2 正面を向いてケンケンするのは、水の抵抗があるのでレベルが高いのですが、その分体幹が鍛えられます。

3 徐々に前のめりになり、ダイブしてしまう子どもがいますが、これは体幹が弱いためです。陸上ではバランスを崩して転倒している状態です。スピードを落として確実に進むように伝えます。

4 背筋がまっすぐの姿勢でケンケンできるように手で支えてサポートします。

5 ひざを前に出すやり方と、足が後ろになるやり方の2パターンありますが、どちらのやり方もマスターできることを目指しましょう。

プールの外で

● 正面を向いて進んだり、真横に進んだり、その場で回ってみたり、いろいろな方向にケンケンをやってみましょう。

● あそびの中で移動の際にケンケンをするルールを入れたり、タイムや距離を競ったりしてもよいでしょう。

10 水中ジャンプ

動画はコチラ

ジャンプがうまくできない子どもが大勢います。とくにひざが伸び切ったままの状態でジャンプするタイプが目立ちます。水中でのジャンプは丹田（おへその下あたり）に重心が集中することで姿勢が安定し、情緒が落ち着きます。

やり方

❶ 肩幅を目安に、両足の間隔を広げ、水中にまっすぐ立ちます。猫背になると、バランスが崩れて高く跳びづらくなります。

❷ 大人と向き合って手をつなぎます。

❸ 両ひざを軽く曲げ、中腰でしゃがむ姿勢を伝えます。

❹ 「ジャンプ！」と声をかけて、プールの底を足の裏で踏み切って上にジャンプします。

ここが
POINT!

1 両足を閉じすぎるとジャンプしにくくなります。肩幅を目安にグーひとつ分の間隔で足を開きます。

2 手のひらを合わせるのは、子どもが前のめりにならず、背筋がまっすぐ伸びた姿勢をキープできるようにするためです。自閉スペクトラム症の子どもでは、ケンケンよりもジャンプの方がやりづらいパターンが多く見られます。徐々に姿勢が前のめりになり、ダイブしたり、潜ったりしがちです。そのため、ジャンプをするとき、背筋をまっすぐに伸ばした姿勢でジャンプできるように手のひらでサポートします。

〔プールの外で〕

● 正面を向いたジャンプのほか、横向きのジャンプ、後ろへ進むジャンプなど、ジャンプで体を自在に動かす刺激を体験してもらいます。重心が下がる感覚、方向感覚などをつかむことができます。

11 ボビングして ジャンプ

ジャンプで上下動ができるようになったら、水中に沈む「ボビング」にチャレンジします。水に潜って顔を出す動作をくり返すことで深い呼吸を安定して続けることができ、重心が下がって、情緒も安定します。

やり方 ・・

❶ 肩幅を目安に、両足の間隔を広げ、水中にまっすぐ立ちます。

❷ 大人と向き合って手をつなぎます。

❸ 両ひざを軽く曲げ、中腰でしゃがむ姿勢を伝えます。

❹ 「ブクブク」と声をかけて潜ります。

ブクブク

❺ プールの底を足の裏で踏み切って上
にジャンプします。

❻ 水中から出る瞬間に「パー」と息を吐き、深呼吸します。

ここが
POINT!

1 ジャンプと同じように背筋がすっと伸びている姿勢で行いましょう。

2 リズムよく、連続してできるといいですね。

3 深く潜るとより深く呼吸できるので正しい呼吸法が身につき、情緒の
安定にもつながります。

4 体幹を鍛えたい場合は、手を後ろで組み、肩を下げた姿勢でやりま
す。頭の上に手を置くやり方もありますが、肩や足が緊張しやすくな
る場合は、手を後ろにするなど、個別にサポートしましょう。

12 だるま浮き

動画はコチラ

水中でだるまさんのように浮く動作です。体全体の力を抜いて、丸い形に
なって浮くことをマスターします。沈んでしまう原因のひとつは、首や背
中に力が入って四角い姿勢になっていることです。

やり方

❶ 片足立ちになり、上げている足のひ
ざを胸に抱えます。

❷ 大人は、後ろから両手で子どもの胴
体を支えます。

❸ 息を吸ったあと顔を水につけ、もう
片方のひざを胸に抱えます。

❹ 水面に浮かびます。安定したら大人
は手を離します。

❺ 元の直立の姿勢に戻る際にバランスを崩しやすいので、大人が両手で
胴体を支えて子どもが床に足をつけやすくなるようにサポートします。

ここが
POINT!

1 体全体の力を抜いて、丸い形になるのがコツです。首や背中に力が
入っていると浮かぶことができず、沈んでしまいます。

2 だるま浮きをする前に、水中リラクゼーションで肩や首の力を抜いて
からやります（30ページ参照）。だるま浮きの際に背中をさすって背
中の力を抜き、丸くなることを促します。

プールの外で

● 「ダンゴムシのポーズ」で
床におでこをつけ、
丸い姿勢になってみましょう。

● 頭、首、背中からお尻にかけて、
ゆるく丸い姿勢になっていきます。

13 お尻つき

動画はコチラ

プールの底にお尻がつくまで沈みます。深呼吸ができて肩が脱力し、重心を下げることができると1人で取り組めるようになります。水に慣れない子どもでは、水に顔をつける動作からはじめて、大人が必要なサポートをします。

やり方 •

❶ 息を吸ってからお尻から真下へ沈むように、息を深く吐きながらまっすぐ下に沈んでいきます。

❷ お尻を床につけます。

❸ 子どもの肩に軽く触れると、肩が下がって沈みやすくなります。

ここが
POINT!

1 肺に息をため込みすぎると、沈みづらくなります。

2 潜ってから水中で少し息を吐くことを伝えます。息を吐くと沈みやすくなり、同時に床にお尻をつけやすくなります。

3 頭を押して沈ませようとすると、子どもの恐怖感を助長してしまいます。

プールの外で

● 床にお尻をつけるようにしゃがみ込み、両手をつくポーズをします。

● しゃがんでお尻がついている姿勢で、ひざを腕で抱え、後ろにゴロンと転がり、反動で元の姿勢に戻ってくるストレッチもおすすめです。体重移動の仕方が体感できます。

●「お尻歩き」で骨盤や体幹の自然な動きを引き出すこともおすすめです。

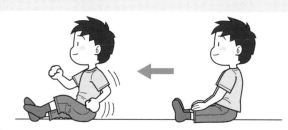

14 カエルのポーズ

子どもが浮き具を持ち、大人が両足を支えます。背中からお尻にかけて水平を保持する筋力やバランス感覚を養います。安定した姿勢で25メートルが移動できることを目指し、平泳ぎの基本姿勢をマスターします。

やり方

❶ 子どもが浮き具を脇を通して持ち、
上半身を浮かせます。

❷ 大人は子どもの足の裏を自分の太ももに乗せ、子どもの足を支えます。

❸ 大人がゆっくり歩いて前に進みます。

ここが
POINT!

1　子どもの背中からお尻にかけて水平姿勢をキープします。

2　お尻のほっぺたが上を向いている姿勢をキープしていきます。

3　平泳ぎのキックにつなげたいときは、片腕を壁についた状態で片足立ちして、足首を曲げ伸ばす練習をします。足首の角度をイメージすることができるようになります。

プールの外で

● お相撲のそんきょのポーズをします。

①両足を肩幅程度開けてまっすぐ立ちます。

②ゆっくり、膝を曲げていきます。

③体が前後左右に傾かないでバランスが取れた状態を5秒続けます。バランスが取りにくい場合は壁などにつかまってやってみましょう。

④元の姿勢に戻ります。

15 水中で自転車キック

動画はコチラ

水中で自転車を漕ぐ動作をします。この動作は、真横から見ると「ハイハイ」に見えます。発達障がいの子どもはハイハイの時期が短い傾向がありますので、このプログラムに取り組むことで腸腰筋や股関節、足首などに刺激をあたえ、水平姿勢でバランスを取る練習をします。

やり方

❶ 浮き具を使って上半身の力をぬきます。

❷ 自転車を漕ぐように足を回して水を蹴って進んでいきます。

❸ 慣れてきたら、子どもに「右・左」や「自転車だよー！」などのかけ声をかけ、自転車漕ぎを促します。

ここが
POINT!

1 足裏で自転車のペダルを漕ぐように蹴るイメージを伝えます。水を後ろに蹴り出す力で前に進むことを体感します。

2 浮き具を使わず、大人と子どもが対面して、子どもが両手で大人の肩につかまるやり方もあります。

3 バタ足につなげたい場合、子どもの足を持って上下動する補助よりも、自転車キックで左右の足の連続動作の切り替え、力のオンオフを体感する方が近道です。

プールの外で

くぐり抜け競争

● シーツやビニールシートを敷き、その下を腹ばいになり、足で床を蹴ってくぐります。タイムや順番を競っても楽しいゲームです。

● 足の指で床をとらえる感覚や足首の細かい動作はなかなかつかみにくいものです。ゲームではだしに慣れるところから始めてみましょう！

〈ゲームの例〉

①イスに座ってサッカー

②砂地やでこぼこの道を歩く

③足でクレーンゲーム（足の指でハンカチなどをつかむ）

16 回転パンケーキ

動画はコチラ

水中で背浮きの姿勢からうつ伏せになり、また元の背浮きに戻る動作をスムーズに行います。連続でやることで体幹トレーニングやクロールの息継ぎにつながる動作をマスターします。

やり方 ・・・・・・・・・・・・・・・・・・・・・・・・・・・・・・・・・・・・・・

❶ 子どもは背浮きの水平姿勢をとり、大人が子どもの両肩を支えます。

❷ 大人が「パンケーキ！」と声をかけます。子どもは180度回転してうつ伏せになります。

パンケーキ！

「水中療育20の実践プログラム」が動画でもっとよくわかる!

水中療育動画と一緒に、プールを楽しもう!

水中療育全プログラムやり方動画つき! 本と併せて
ご覧いただくことで、より水中療育の理解が進みます。
以下のURL・QRコードよりご覧いただけます。

https://esswimming-book.jpasa.net/video/

使い方

(1) 各プログラムのページ
に掲載されたQRコード
を読み取ります

(2) 動画一覧から見たい動画
を選択し、視聴します

※画像は開発中のものです。
デザインは変更になる可能性がございます。

メールマガジン登録で無料PDFプレゼント!

本書をお手にとっていただきありがとうございます。

本協会では、障害者水泳の内容を豊富な写真とやさしい言葉でまとめた小冊子『PDF 版　ハッピースイミング』（オールカラー・62 ページ）を無料で進呈しています。

●登録方法

以下の QR コード、または URL からメールマガジンにご登録いただくと、『PDF 版　ハッピースイミング』のダウンロード URL が届きます。

https://jpasa.net/mail-magazine/

＊迷惑メール対策で受信メールのドメイン指定をされている方は、【info@jpasa.net】からのメールが受け取れるよう受信設定をしてからご登録ください。

＊メールマガジンとプレゼントは（一社）日本障がい者スイミング協会が企画しております。お問い合わせは下記へお願いします。

一般社団法人日本障がい者スイミング協会

〒181-0013 東京都三鷹市下連雀3-10-6 コーポみやび106
メール：info@jpasa.net　公式サイト：https://jpasa.net
電話：050-3628-4972

❸ もう一度大人が「パンケーキ！」と
声をかけます。子どもはまた180
度回転し、背浮きに戻ります。

パンケーキ！

❹ 連続してやる場合は、背浮きに戻り姿勢が安定したところで息継ぎを
することを伝えます。

ここが
POINT!

1 自閉スペクトラム症の子どもの場合、回転動作がこだわりになっているケースもあります。1回の動作で1回転以上続けると、次第に姿勢が崩れて水を飲んでしまいかねません。180度回転したところで一呼吸置き、回転することを伝えます。

2 同じ方向ばかり行うと目が回ってしまうため、右回転・左回転両方できるとよいでしょう。

プールの外で

ゴロゴロ回転

● 赤ちゃんの寝返りの出現は、【非対称性緊張性頸反射】が消失しているという目安です。この反射が残ると体がこわばりがちなので、床の上で練習します。まず床の上に寝転がり、腕をバンザイした姿勢でゴロゴロと回転します。体幹の力や体重移動などの深部感覚が刺激され、バランス感覚が身につきます。

● 動作をイメージすることがむずかしい子どもには、大人が子どもの胴体などをサポートして、ゴロンと転がる動作を補助します。

17 ジェットコースターあそび

動画はコチラ

水中でうねる感覚を体感する動作です。胴体がやわらかく、しなるイメージで子どもの体を補助します。小さいうねりから始め、慣れてきたら大きく、深いうねりにしていきます。

やり方

❶ 大人が子どもの横に立ちます。

❷ 大人が子どもの両腕または脇を支え、子どもはうつ伏せの姿勢で浮きます。

❸ 大人が子どもの体幹を上下に動かし、子どもの全身を上下にうねらせながら前に進みます。

ここが
POINT!

1 水中で自由な動きをするには全身がやわらかくうねることが必要です。イルカが水中を泳ぐ姿をイメージしましょう。

2 慣れてきたら、浅く細かい動きにしてみたり、次第に動きを大きく強くしたり、さまざまな大きさや幅でやってみましょう。

プールの外で

① 鉄棒につかまっている姿勢
・体全体の力を抜き、ぶら下がっている姿勢を体験します。

② マットの上ででんぐり返し
・背中のしなやかな丸みを引き出していくため、マットや布団の上で前転をやってみましょう。

18 浮き具を使って イルカとび

動画はコチラ

パズルフロートなど沈められる浮き具を使って、沈み・浮き上がってくる動作をくり返します。下に向かってジャンプする際の体幹をつかむため、浮き具を水中へ押し込みその感覚を養います。

やり方

① パズルフロートなど沈められる浮き具を用意します（ビート板は飛び出す危険性があるため向きません）。

② 子どもは両手でパズルフロートをつかみ、体ごとパズルフロートを沈めていきます。

84

❸ パズルフロートの浮力で自然と浮き
　上がってくるのを待ちます。

❹ 体が浮き上がったら床に足をつけてゆっくり立ちます。

ここが
POINT!

1 下に向かってジャンプすることをなかなかイメージしづらい子どもが
　いますが、パズルフロートを水中へ押して沈めることで、この動作が
　体感できます。

2 イルカのようにジャンプして水中に潜ることをイメージすること、手、
　頭、胴体、足と順番にうねるような動作で水中に向けてジャンプする
　ことを伝えます。

> **プールの外で**

　下半身が気持ちよく伸びるストレッチがおすすめです。
①腹ばいの姿勢から上半身を起こします。

②丸めた布団やバランスボールで、背中のストレッ
　チをします。転ばないように気をつけましょう。

19 フラフープを使って イルカとび

:

動画はコチラ

フラフープを目印にして、くぐる・沈み込む・前に伸びていく感覚を養います。フラフープという道具があることで、目に見えない骨盤の前傾・後傾の動作や足の抜き方を感覚で捉えることができます。

やり方 ・・

❶ 大人がフラフープを2本持ちます。水面に浮かべている1本目のフラフープの輪の中に、子どもが手を入れて準備します。

❷ 子どもは水面に顔をつけてから、下に向かって床を蹴ります。1本目のフラフープの輪をくぐって、水中に潜ります。

❸ 水中に沈めた2本目のフラフープをくぐり、自然と浮き上がってくるのを待ちます。

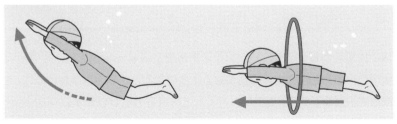

ここが POINT!

1 フラフープを抜けられない、腰で引っかかりやすい場合は、骨盤の向きをスムーズに変えづらいことが多くあります。上にジャンプするのではなく、下に向かうことを伝えます。

2 腰が引っかかりやすい場合は、体を曲げ、手で足首やひざを抱えて干された布団のような姿勢で浮き身をとるストレッチをしてから、イルカとびをやってみましょう。

3 バタ足をすると足が緊張してくぐれなかったり、足がフラフープに引っかかりやすくなります。バタ足はせず、1回でくぐり抜けていくことを目指しましょう。

プールの外で

- マット運動の前転にチャレンジしましょう。家で布団を使うのもよいですね。「沈み込む」感覚は水のスポーツならではの感覚なので、それに近いマット運動の動作（体をキュッと丸めて体重移動する）がおすすめです。

- 鉄棒につかまりぶら下がります。まずは肩や背中、腕が過緊張でも低緊張でもなくニュートラルになることを目指します。なるべく長くぶら下がることができると良いですね。慣れてきたら鉄棒で前まわりをしてみましょう。鉄棒も「沈み込む」感覚に近いあそびなのでおすすめです。

20 はじめての潜水

動画はコチラ

水中に深く潜り、自由に動き回るスキルをマスターします。一定の時間、水圧のかかった世界で体を動かせるようになるとより自信をつけることが期待できます。将来、海や川へ行くなどの余暇も広がります。

やり方

❶ プールの壁際で息を吸います。

❷ 水中に全身を沈め、壁を蹴って、水中を進みます。手足を自由に動かして水をかき分けます。

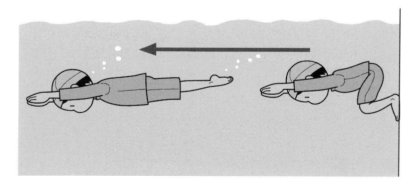

❸ 苦しくなったら頭を上げて水面に浮き上がります。

■❶～❸のステップができるようになったら

・足をつかずに息継ぎをして、続けて潜ります。

・目印があるとやりやすい子どもには、水に沈むおもちゃを1列に並べ、それを拾いながら泳いだり、フラフープをいくつか進行方向に沈めておき、それをくぐりながら泳いだりすることを伝えると進行方向が分かりやすくなります。

ここが
POINT!

1 水中にかがみ、頭までしっかり沈み込んでから壁を力一杯蹴ると、推進力が得られます。

2 潜水中は無理して息を止めるのではなく、口から空気の泡が1つずつ出ていく程度の小さな息を吐きます。

3 はじめは息継ぎの時に足をつくと思いますが、慣れてきたら足をつかずに息継ぎをして泳ぎ続けましょう。

4 魚になった気分で気持ちよくなめらかな動作でできると良いですね。

5 フラフープをくぐっておもちゃを拾うゲームにすると、潜水をさらに楽しめます。おもちゃの位置を遠くする、個数を増やすなど工夫するとサーキット練習ができます。

潜水の効果

　腕を前に伸ばすことは、肘の感覚が入っている目安になります。

　水中で力みがちな場合はパズルフロートを使って、自分の力で浮いている感覚を持ちながらけのびをやってみましょう。慣れたらパズルフロートを外して、けのびにチャレンジしてみましょう。そして、「けのび」から「潜水」をして自由に泳いで進んでみましょう。

　陸上で行う腕立てふせの姿勢のように、自分の体を両腕で支える力はとても重要です。あらゆる運動に必要な筋力のひとつです。潜水の途中で息継ぎをしたいとき無意識に手をかくと思いますが、その一瞬に息を吸える姿勢になることに役立ちます。

　将来平泳ぎやバタフライにチャレンジしたい方も、腕の練習だけでなく、潜水で「浮き上がり」「泳ぎながら沈み込む」という、水が体を支えてくれる感覚をつかんでから行うと体を支えられるようになりますよ。

Part 3

水 中 療 育

に取り組むための準備

　子どもにとって居心地がよく過ごしやすい環境を整えることはとても大切です。

　すべてを完璧にできなくても、まずは70%を目標に、できることから環境調整をしていきましょう。合理的配慮を行うことは、子どもたちや先生一人ひとりの安全とウェルビーイングにつながります。

パズルフロート

　形を変えられる浮き具です。長くつなげたり、四角く座布団のようにしたり、腰に巻いたり2段に重ねて浮力を調整することもできます。

　適度に沈みつつ浮力があるため、自力で浮いている感覚に近くなります。

■道具の対象者・使い方

　原始反射が強く残っている方や肢体不自由などの身体障がいのある方でも利用できます。形を変えられるため、泳ぎの練習だけでなく、水あそびや水慣れなど水中運動にも利用できます。適宜形を変えることで力みを取り、緊張がほぐれたら外して運動し、別のところがこわばったらそちらにパズルフロートをあてる……というようにして使います。

　1つが大人の手のひらぐらいのサイズなので、子どもは大人から補助されているような感覚になります。

　身体障がいの方は日ごろ使っている補助具をイメージすると使いやすいです。

■ここに注意

　幼児はとくに、ジョイント部分（ひっかけるボタンの部分）に手足の指を入れてあそばないようにしましょう。

■使い始める時期

何歳からでも使用できます。

販売元 ➡ https://jpasa.net/puzzle-float/

▦ 浮き具

　浮き輪やビート板などさまざまな浮き具がありますが、中でも棒状の浮き具は水中療育・リラクゼーションの場でよく使われます。スイミングスクールなどにもよく置かれています。

　ある程度しっかりした固さがありますが、浮き輪と違い変形させることができるため想像あそび（浮き具を何かに見立ててあそぶ）にもつながります。

■**道具の選び方**

　穴が開いており、中心が空洞になっているタイプと、穴がなく詰まっているタイプがあります。子どもが扱いやすい細さ・長さのものを選びます。

■**ここに注意**

　低身長の子どもが扱うには長く、浮力が強すぎる場合があります。

　また、素材の特性上、子どものつめが引っかかり、浮き具が裂けてしまうこともあります。水泳前は子どものつめを切り、道具は大切に使うことを伝えましょう。

■**使い始める時期**

　体幹運動をしたい時期から使えます。体幹コントロールを始めたい子どもには、浮き具を足で挟んで「馬」に見立てたり、浮き具を沈めて両足でその上に乗りバランスを取ったり、イスのように座ったりなどあそびを取り入れながら体幹運動を行っています。

　小学校でよく使用されるビート板ですが、発達障がいの子が使いやすく、原始反射の統合を促す「プレビート板」から使い始めると「14　カエルのポーズ」や「15　水中で自転車キック」の練習がしやすくなります。体幹が安定してきたら、ビート板へ移行して練習してみましょう。

■■ 保温水着

　寒さを感じやすい子どもに最適な水着です。

　薄手でも暖かく、丈夫なものをすすめています。上下が分かれた水着であれば、着替えの介助が必要な子どもでも楽に着られます。

■道具の選び方

保温水着を選ぶポイントは、①暖かいこと、②肌離れの良さ、③体の動かしやすさです。

ラッシュガードも良いのですが、冷えを感じやすい方の場合は時間が経つと寒さを感じてきます。

体が浮きやすくはなりますが、ウェットスーツやウェットスーツのインナーのような厚みのあるものは冷えを感じにくく、運動を継続することができます。一方で慣れるまで体の動かしにくさや着替えのしづらさを感じるかもしれません。

私が代表を務める日本障がい者スイミング協会では薄手で暖かい長袖長ズボンの保温水着を開発し、支援員や冷えが気になる方が着用しています。肌離れの良い素材のため脱ぎ着がしやすいので発達障がいや肢体不自由の方も問題なくご利用いただけます。

■ここに注意

各保温水着の洗濯表示の通りに洗濯、乾燥させてください。

■使い始める時期

何歳からでも使用できます。

販売元 ➡ スイムヒート保温水着

（一般社団法人日本障がい者スイミング協会サイト）

https://jpasa.net/swimsuit/

ここまで紹介したもの以外にも、水中療育を安心・安全に行うためのグッズはたくさんあります。子どもに合ったものをそろえましょう。

■ ゴーグル

　ゴーグルには、プラスチックのレンズの部分が肌に直接あたるタイプと、シリコンのクッションがついているタイプのものがあります。初めてゴーグルをつける場合は、クッションがついているタイプがおすすめです。水が入らないよう、かつ、きつすぎないよう、ストラップを調節します。

　ゴーグルのレンズ部分は透明なものだけでなく、色が入っていたりミラー加工してあったり、メガネのように度付きのものもあります。実際にお店で試着してみて、着け心地や、景色の見え方を確認してください。

　まぶしさを感じやすい子どもには、レンズが黒やネイビーなど濃い色、またはミラー加工のものがおすすめです。

　特殊加工がしてあるものもありますので、購入する前に試着をして、見えやすいか、自分で調節しやすいかなど確認しましょう。

■ スイミングキャップ

　「子どもだからSサイズ」と決めつけず、試着してみることが大切です。水着と同じ伸縮性のある生地、シリコンなどさまざまな素材があるので、かぶったときのフィット感を確認します。

　スイミングキャップに慣れていない子どもや毛量の多い子ども、締めつ

け感が苦手な子どもは、1サイズ大きめの余裕のあるものを選びましょう。

■■ 耳栓

水中用の耳栓が市販されています。さまざまな素材や形状があるため、実物を見てよさそうなものを試してみてください。

耳栓が耳の形に合わない場合は、粘土のような素材の耳栓もあります。素材の相性が合えばいろいろな耳の形に合わせることができます。

小さいため、泳いでいる間に取れて紛失してしまう可能性が高くなります。紐がついていたりゴーグルと一体になっていたりするものもありますので、合うものを着用しましょう。

使い終わったら水で洗って乾燥させてください。乾燥後はケースに入れると衛生的です。

■■ ノーズクリップ

アーティスティックスイミングの選手が鼻につけているものです。顔を水につけるのが怖い子どもや、どうしても鼻で水をすすりやすい方、低身長で鼻に水が入りやすい方などにおすすめです。

鼻の形は人それぞれのため、サイズ表記をよく確認しましょう。鼻に当たる部分は素材によって滑りやすいこともあります。とくに子どもは汗をかきやすいので、鼻をぬぐってからつけるとよいでしょう。

挟む部分が金属のバネ式とプラスチック製のものがあります。バネ式の方が安定しているので水が入りません。バネの挟むきつさが気になる方はプラスチックがよいかもしれません。

　使い終わったら水で洗い流して乾燥させてください。乾燥後はケースに入れると衛生的です。

■■ プールフロア

　水深が深い場合はプールフロアを使用し、子どもの肩下に水面が来るくらいの深さに調整します。

② 楽しく効果的に 水中療育に取り組むポイント

水が怖い子どもの場合、子どもが自ら進んで取り組むあそびを見つけることが最初の課題になります。以下の３つのポイントを意識して子どもをサポートしましょう。

ポイント① まずは大人から誘う

どんなあそびが気に入るか、「これにチャレンジしてみよう」と声をかけて、見本を見せましょう。

ポイント② 大人はサポート役にまわる

子どもが「楽しい！」と夢中になるあそびは、発育段階に合っていることが多いです。子ども自身が選んだあそびを大人がサポートする形をとると、達成感を得られます。

ポイント③ ルール・難易度を工夫する

やりすぎて同じ刺激が入り続けることで止められなくなる（こだわりになる）ことが心配な場合は、いくつかのあそびをローテーションしたり、ルールを追加したり、レベルを上げてみたりと、いろいろなメニューを提供します。

「あそび」の効果

「あそび学」では、いわゆる「あそび」も「練習」もグラデーションで、本質的に境界線がないと考えられています。

運動をしている子どもは「あそんでいる」と思っていても、大人が「練習している」と考える場合もありますし、子どもは「練習」をしているつもりでも、大人には「あそんでいる」ように見えることがあります。

いずれにせよ、子どもたちが楽しんで体を思いきり動かすことで心身の発育が促され、リラックスしてその時間を過ごすことができるのは、理想的な運動だと思います。

大切なのは、「自分でやった感覚」があること

水中療育で欠かせない練習に「顔つけ」があります。理想的な顔つけは、次のようなやり方です。

- 水面にあごをつける
①大人が水面に手のひらを差し出し、あごをつける場所を伝える。子どもは大人の手のひらにあごをつける。
②余裕が出てきたら自分の手のひらを使って、子どもだけで行う。
③自分の手のひらもなしで行う。

- 水に頬と耳をつける
①濡れている大人の手のひらに頬をつけます。
②子どもが慣れてきたら少しずつ手のひらを水面に近づけ、耳まで水に

つけるよう促します。余裕が出てきたら、子ども自身の手のひらでも
同じようにつけます。

③手のひらなしで頬と耳を水につけます。

　大人が子どもの頭を押さえて顔つけを促せば形として顔つけはできます
が、いざ自分の力でやろうとしても再現ができません。

　子ども自身がリラックスして、首の動かし方を実感できないので、顔つ
けの仕方が分からないのです。

　身体介助や支援で大切なのは、「自分でやった感覚」が得られるかどう
かです。30分かかっても、1回だけでも、自分で「エイッ！」と顔つけが
できた方が体の使い方が体感できますし、練習を重ねていくうちに体の使
い方がスムーズになり、骨や筋肉も慣れてきて、顔つけができるようにな
ります。

　「この介助の仕方で、子どもたちが体の動かし方を体感しているのかな」
と一度立ち止まってチェックしてみてください。

> ■チェックポイント
> ①その運動で目指していることを再確認する
> ②身体介助や支援のやり方、体の支え方を再確認する
> ③子どもに誤解なく伝わりやすい、言葉選び、声かけを心がける

● ゲーム性が大事

　療育する際、1人でも集団でも、リズムをつけたり、かけ声を入れたり、
歌を歌いながらやったり、タイム、順位を競うなどの工夫をするとゲーム

性が出てきます。

　ゲーム性が出ると、体を動かすことが促されます。「ちょっとハードだけど楽しい」「面白いからもっとやりたい！」という意欲が出てくると、頑張る力、踏ん張る力、集中力などが期待できます。これは、限界に挑戦しようとする心の下準備として不可欠なものだと思っています。

　あそびに熱中することで、より高いレベルにチャレンジし、乗り越えていく力が生まれてきます。チャレンジをくり返し質を高めたり、運動の技術向上と心身の成長が感じられたりするシーンにも出会うことができます。

あとがき

　本書を手にとっていただき、感謝しております。支援のヒントになる気づきはございましたでしょうか。

　この本を執筆しているあいだにも、新たな論文や書籍を取り寄せて、勉強不足を補おうと必死に汗をかいております。

　文献はもちろんのこと、日々お会いする子どもたちから気づかされることはとても多いです。私自身、新たな指導方法や指針のアイデアが浮かんでは実践し、気づきを得て、また新しいアイデアが浮かび……というサイクルをくり返して今に至ります。

　コロナ禍でプールが閉鎖されていた時期は、海外の先生方とメールでやり取りし、海外の障がい者水泳事情を学んでいました。先生方のお話を聞きながら、日本でプールが再開される日を夢見ていました。

　私が活動を始めたころには、なかなか受け入れられなかった障がい者水泳も、今では子どもたちがコースロープを越えて地域の方と挨拶を交わしたり、地域の方が優しくお声がけくださったりなど優しい輪が広がって、地域の普通の風景になっています。

　こうして振り返ると、障がい者水泳にはノーベル平和賞並みの力があるのではと思ってしまうほどです。

　学生の頃に思い描いていた障がい者水泳教室は今、地域と緩やかにつながりを持ちながら成長しています。まさに障がい者水泳は地域を変えていくと実感しています。

　私自身まだまだ未熟者でございますので、これからも子どもたちと一緒に成長し、日本や世界の先生方と障がい者水泳について前向きに取り組ん

でいきたいと強く願っております。

　出版にあたり、編集部のみなさん、日本障がい者スイミング協会のスタッフのみなさん、モデルになってくださった生徒さんやご家族の皆様、サイトの製作などを進めてくださった皆様に深く感謝いたします。

　最後に、草の根活動の前から活動を深く理解してウェルビーイングに貢献くださった専属カメラマンに深く感謝し、筆をおきます。

一般社団法人日本障がい者スイミング協会　酒井泰葉

●参考文献

もっと詳しく知りたい方は、参考文献をご参考ください。

〈書籍・雑誌・論文〉

『赤ちゃんを泳がせよう　お風呂ではじめる新生児からのスイミング』
　　ダグラス・ドーマン（著）、人間能力開発研究所（監修）、ドーマン研究所、
　　2008

『赤ちゃんの運動能力をどう優秀にするか　誕生から6歳まで　第2版』
　　グレン・ドーマン、ダグラス・ドーマン、ブルース・ヘイギー（著）、人間
　　能力開発研究所（監修）、ドーマン研究所、2000

『新時代を生きる力を育む　知的・発達障害のある子のウェルビーイング教
育・支援実践』
　　西村健一、水内豊和（編著）、ジアース教育新社、2023

『みんなが手話で話した島』
　　ノーラ・エレン・グロース（著）、佐野正信（訳）、早川書房、2022

『水中ウォーキング』
　　YWCAフィットネスワオ（編著）、小西薫（監修）、リーベル出版、1999

『発達プログラムNo.162　問題行動はもう始まっている　前触れ・予兆の見
つけ方と対応』
　　コロロ発達療育センター（著）、コロロ発達療育センター、2021

『発達プログラムNo.166　問題行動はもう始まっているPart2　問題行動の
メカニズム／直前刺激の見極め』
　　コロロ発達療育センター（著）、コロロ発達療育センター、2022

『子どもの感覚運動機能の発達と支援　発達の科学と理論を支援に活かす』
　　大城昌平、儀間裕貴（編）、メジカルビュー社、2018

「低血糖症による精神発達遅滞児の発達過程と療育」
　　田村浩子、大谷啓之、田辺正友（著）、『奈良教育大学紀要』第41巻　第1
　　号　1992

『感覚統合の発達と支援　子どもの隠れたつまずきを理解する』
　　A・ジーン・エアーズ（著）、岩永竜一郎（監訳）、古賀祥子（訳）、金子書房、
　　2020
『赤ちゃんの歩行獲得　新生児から1歳までの動作・EMG記録』
　　岡本勉、岡本香代子（著）、歩行開発研究所、2016
『遊びが学びに欠かせないわけ　自立した学び手を育てる』
　　ピーター・グレイ(著)、吉田新一郎（訳）、築地書館、2018
『ホモ・ルーデンス　文化のもつ遊びの要素についてのある定義づけの試み』
　　ヨハン・ホイジンガ（著）、里見元一郎（訳）、講談社、2018
『イラストでわかる小児理学療法』
　　上杉雅之（監修）、医歯薬出版株式会社、2013

〈DVD・ホームページ〉

「お風呂ではじめる　0歳からのベビースイミング」[DVD]
　　日本コロムビア、2013
「幼児期運動指針について」
　　文部科学省
　　https://www.mext.go.jp/a_menu/sports/undousisin/1319192.htm

本書の編集にあたり、ご協力いただいたみなさまに、
心よりお礼申し上げます。

〈動画・写真撮影協力〉
ディグスイム武蔵境さま
撮影にご協力いただいたみなさま

〈写真協力〉
株式会社サンワ／シンクロノーズクリップ
トーエイライト株式会社／アクアポール70
株式会社キヌガワ／AQA耳栓（KP-1930）

●著者プロフィール

酒井泰葉（さかい・やすは）

一般社団法人日本障がい者スイミング協会代表理事
公益財団法人日本障がい者スポーツ協会障害者スポーツ指導員。
公益財団法人日本水泳連盟水泳指導員
東京都出身。大学で心理学を専攻し、スポーツ心理学や障がい者心理学、支援方法などを学び、障がい者水泳について研究を続けている。生まれつき体が弱く、体力をつけるためにスイミングスクールに通い始めたことが水泳との出会い。競泳とアーティスティックスイミングの経験を持つ。大学入学と同時に水泳指導員の資格を取得し、スイミングスクールや小学校での水泳指導、障がい者水泳指導に携わるようになる。大学卒業後、障がい者福祉の仕事を経て、個別支援型水泳クラブ「アクアマルシェ」を立ち上げる。障がい者水泳指導の活動は全国の新聞にも取り上げられている。現在は、一般社団法人日本障がい者スイミング協会の代表理事として毎日水泳指導をする傍ら、障がい者水泳の指導員養成研修にも力を注いでいる。
おもな著書に『発達が気になる子への水泳の教え方』（合同出版）。

【おもな取得資格】

パラアーティスティックスイミング指導者資格B（旧：障害者シンクロ指導者資格B）、
ATRI認定アクアセラピーインストラクター（水中運動の国際資格）ほか多数。

●監修者プロフィール

西村健一（にしむら・けんいち）

島根県立大学人間文化学部保育教育学科教授。公認心理師、臨床発達心理士®ＳＶ、柔道四段。香川大学教育学部養護学校教員養成課程卒業、香川大学大学院教育学研究科特別支援教育専攻修了。修士（教育学）。文部科学大臣奨励賞受賞（第11回特殊教育学習ソフトウェアコンクール：2002年）。23年間の特別支援学校での現場経験を活かし、実践的な研究を行う。島根県立大学人間文化学部保育教育学科准教授を経て現職。

一般社団法人日本障がい者スイミング協会から
読者のみなさまへ

本書をお手にとっていただきありがとうございます。
本協会では、障がい者水泳の内容を豊富な写真とやさしい言葉でまとめた小冊子『PDF版　ハッピースイミング』(オールカラー・62ページ) を無料で進呈しています。

●登録方法

以下のQRコード、またはURLからメールマガジンにご登録いただくと、『PDF版　ハッピースイミング』のダウンロードURLが届きます。

https://jpasa.net/mail-magazine/

＊メールマガジンとプレゼントは (一社) 日本障がい者スイミング
　協会が企画しております。お問い合わせは下記へお願いします。

一般社団法人日本障がい者スイミング協会
〒181-0013　東京都三鷹市下連雀3-10-6コーポみやび106
メール：info@jpasa.net
公式サイト：https://jpasa.net
電話：050-3628-4972

■イラスト：Shima.
■装　　丁：アップライン株式会社
■組　　版：合同出版制作室

発達障がい・グレーゾーンの子のための
水中療育
からだ・こころ・ことばを育むスイミング

2024年6月25日　第1刷発行

著　　　者　酒井泰葉
監　修　者　西村健一
発　行　者　坂上美樹
発　行　所　合同出版株式会社
　　　　　　東京都小金井市関野町1-6-10
　　　　　　郵便番号　184-0001
　　　　　　電話　042 (401) 2930
　　　　　　振替　00180-9-65422
　　　　　　URL　https://www.godo-shuppan.co.jp/
印刷・製本　株式会社シナノ

■刊行図書リストを無料進呈いたします。
■落丁乱丁の際はお取り換えいたします。

本書を無断で複写・転訳載することは、法律で認められている場合を除き、著作権及び出版社の権利の侵害になりますので、その場合にはあらかじめ小社宛てに許諾を求めてください。
ISBN978-4-7726-1549-5　NDC 370　210 × 148
© Sakai Yasuha, 2024

大好評既刊！

発達が気になる子への
水泳の教え方
スモールステップでみるみる泳げる！

一般社団法人日本障がい者スイミング協会
代表理事　**酒井泰葉** [著]

東京都パラスポーツ指導者協議会会長　**植田敏郎** [監修]

- -

発達障害のある子が、安全で、楽しく、体に負担なく
泳げる方法を写真でマスター！　発達段階や子どもの
特性に応じて選択できる豊富な指導メニューを収録。
スモールステップで、いろいろな泳ぎに挑戦しよう！

- -

B5判・128ページ　定価＝本体2,200円＋税

合同出版